Dieses Buch erhielt die folgenden Auszeichnungen:

Österreichischer Kinder- und Jugendbuchpreis
Die besten 7 (DeutschlandRadio und Focus)

Dieses Buch erscheint in der Edition NILPFERD.

Edition NILPFERD

www.nilpferd.at
www.ggverlag.at

ISBN 978-3-7074-5253-2

In der aktuell gültigen Rechtschreibung
Hergestellt in Europa
Papier aus verantwortungsvoll bewirtschafteten Quellen.

1. Auflage 2021

Text und Illustration: Jens Rassmus
Grafische Gestaltung und Satz: studioback.at / Annett Stolarski
Gesamtherstellung: Imprint, Ljubljana
Die Edition NILPFERD erscheint im G&G Verlag.

Jens Rassmus

Der KARIERTE KÄFER

14 3/3 Geschichten

Edition NILPFERD

Inhaltsverzeichnis

DAS KRANKE KANINCHEN

Das Kaninchen war so erkältet, dass es fast nichts mehr riechen konnte. Und seine Augen tränten so sehr, dass es auch fast nichts mehr sehen konnte. Es wollte sich aus seinem Bau ein Taschentuch holen, doch da es so schlecht sehen konnte, lief es in die falsche Richtung, und da es so schlecht riechen konnte, roch es den Fuchs nicht, kroch versehentlich in dessen Bau und schnäuzte sich in ein Geschirrhandtuch. Dann legte es sich ins Bett, um zu schlafen.

Im Bett lag natürlich der Fuchs. Er schlief schon längst, denn er war an diesem Abend besonders müde gewesen. Als sich das Kaninchen an ihn kuschelte, schreckte er hoch – und traute seinen Augen nicht.

Er betrachtete die langen Ohren, das zarte Fell und das rosa Näschen, das sich an ihn schmiegte.

„Das wird leider nur ein schöner Traum sein“, dachte er schlaftrunken. „Ich bin ja nicht blöd.“

Er drehte sich auf die andere Seite und schlief weiter.

Nach ein paar Stunden wachte das Kaninchen auf. Der Schnupfen war nun etwas besser. Es rieb sich die Augen und blickte sich um. Als es den Fuchs entdeckte, erschrak es fast zu Tode!

Leise und vorsichtig kletterte es aus dem Bett und hoppelte ins Freie, so schnell es konnte. Wenig später erwachte der Fuchs ebenfalls. Ohne Kaninchen, ganz allein.
„Dachte ich's mir doch", murmelte er.
Dann musste er niesen.

im Dschungel I

Es gab einmal einen Affenstamm, der lebte in einem tollen Dschungel mit lauter wirren Schlingpflanzen zum Klettern.

Wenn es Nacht wurde, schliefen die Affen auf dem Boden, und kam der Tag, so kletterten sie wieder in die Bäume. Manchmal schlugen sie auch Purzelbäume auf einer Lichtung.

Eines Tages sagte einer der etwas kleineren Affen: „Wisst ihr was? Ich glaube nicht, dass dies hier ein Dschungel ist.
In Wirklichkeit leben wir auf dem Kopf eines Riesen, die Bäume sind seine Haare, die Lichtung dort hinten, die immer größer wird, ist seine Glatze, und wenn er seinen Hut aufsetzt, wird es Nacht. Ich gehe los, um einen richtigen Dschungel zu suchen, in dem auch Bananen wachsen. Wer will, kommt mit!"
Und er ging los.
Die anderen Affen lachten von Herzen und tippten sich an die Köpfe. Dann fuhren sie fort, in den Lianen herumzuklettern.
Und natürlich ging niemand mit.
Der kleine Affe wurde nie mehr gesehen, was niemanden kümmerte.
Nur manchmal kam das Gespräch auf ihn, und es wurde im Scherz darüber nachgedacht, wie es wohl wäre, im Bart eines Riesen zu leben.

Winterschlaf

Nach Monaten des Schnees und der Kälte erwachten der Bär und die Bärin aus dem Winterschlaf. Mildes Frühlingslicht durchflutete die Höhle. Sie reckten, streckten und kratzten sich und traten ins Freie. Sie blinzelten.

„Der Frühling gehört uns, Schatz“, lächelte die Bärin.

„So ist es, mein Schmetterling“, erwiderte der Bär. „Aber lass uns vorher noch die Höhle aufräumen!“

Die Bärin schaute etwas verdattert zurück ins Dunkle, doch sie musste zugeben, dass es wohl ein vernünftiger Vorschlag war.

„Also gut, mein Goldbär“, seufzte sie, und sie machten sich an die Arbeit.

Die Bärin sammelte das alte Moos, die Blätter und Stöcke zusammen und trug sie nach draußen. Der Bär räumte die Knochen, Obstschalen und anderen Essensreste aus den Ecken. Die Bärin stellte die leeren Honigtöpfe und ausgeleckten Einmachgläser ordentlich an eine Wand. Der Bär klopfte den Teppich aus, schüttelte die Kopfkissen auf und strich das Bett glatt. Die Bärin räumte den Kleiderschrank auf, sortierte die Wäsche und rückte die Bilder gerade. Der Bär nahm die verwelkten Blumen

aus der Vase und stellte den Porzellan-Hirsch wieder auf den Fernseher. Die Bärin putzte unter dem Esstisch. Der Bär schob das Sofa zur Seite.

Er hielt inne.

Hinter dem Sofa saßen zwei Bärenkinder und spielten Domino.

„Moment mal", grunzte der Bär und stemmte die Hände in die Hüften. „Was ist denn hier los?"

„Wir sind eure Kinder", sagten die beiden Bärenkinder in gelangweiltem Ton, ohne ihr Spiel zu unterbrechen.

„Da kann ja jeder kommen!", dröhnte der Bär. „Habt ihr Beweise?"

„Ja, wir kennen eure Namen. Du bist Papa, und die da hinten ist Mama."

„Soll das lustig sein, oder was?", brüllte der Bär.

„Lass nur", sagte die Bärin beschwichtigend. „Schau nur, wie süß sie ausschauen. Ganz bestimmt sind dies unsere Kinder!"

„Na gut", brummte der Bär. „Wenn du meinst. Dann los jetzt!"

Und zusammen – die Kinder vorweg und die Eltern hinterher – ging die Bärenfamilie hinaus in den Frühling.

Könige der Tiere

An einem schönen Sonntag saß der Löwe gelangweilt auf seinem Thron. Da kam das Nashorn herein und rief: „Dass ich nicht lache! Du nennst dich König der Tiere und bist doch viel kleiner als ich! Ab jetzt bin ich König der Tiere an deiner statt!“
Der verdutzte Löwe sah ein, dass das Nashorn tatsächlich etwas größer war, stieg vom Thron herunter und machte sich von dannen. Zufrieden blickte das Nashorn ihm nach. Dann stieg es selber auf den Thron und setzte sich die Krone aufs Horn.
Kurze Zeit später trat der Elefant zur Tür herein und zeigte mit dem Rüssel auf das Nashorn: „Da lachen doch die Hühner! Du willst König der Tiere sein? Ich bin doppelt so groß wie du!“
Der Elefant riss dem Nashorn die Krone weg und setzte sie sich auf seinen riesigen Schädel.
Das Nashorn indes musste zugeben, dass der Elefant wirklich noch viel größer war. Kleinlaut machte es sich aus dem Staub. Auf dem Schlossplatz holte es den Löwen ein. „Nichts für ungut“, sagte es. „Tut mir leid, die Sache mit dem Königsein. War nicht so gemeint.“
„Schon gut“, erwiderte der Löwe.

„Hast du heute schon was vor? Wir könnten zum Fluss gehen, ein Picknick machen und den Flamingos zuschauen", schlug das Nashorn vor.
„Warum nicht?", sagte der Löwe, der noch keine neuen Pläne für den Tag geschmiedet hatte, und lächelte.
So machten sich die beiden auf den Weg.
Der neue König der Tiere aber, der all dies von seinem Schlossfenster aus beobachtet hatte, ärgerte sich, denn ein Picknick am Fluss wäre auch ganz nach seinem Geschmack gewesen.
„Mist!", grummelte er.
Er nahm die Krone vom Kopf und setzte sich drauf, bis sie so platt war wie seine Ohren.

Dem Biber wird geholfen

Der Biber wollte nichts mehr zu tun haben mit der Welt und all ihren dummen Tieren und baute auf einem schönen grünen Hügel ein Haus nur für sich und sonst niemanden. Er setzte Stein auf Stein, errichtete vier Wände um sich herum und über sich ein Dach. Dann ruhte er sich aus, genoss die herrliche Stille und ließ den Mörtel trocknen. Nach einer Weile dachte er, es wäre schön, mal einen Blick aus dem Fenster zu werfen, aber er musste feststellen, dass gar kein Fenster da war. Er hatte vergessen, eins zu bauen. Dann wollte er nach draußen gehen, doch auch eine Tür war nicht zu finden! „Auweia", durchfuhr es den Biber, als ihm klar wurde, in welcher Lage er war. Er wusste nicht mehr ein noch aus und fing an, erbärmlich zu jammern und zu klopfen und um Hilfe zu rufen.

Da kam das Kaninchen, ein munteres Liedchen pfeifend, am Haus vorbei. Es hörte den verzweifelten Biber und überlegte, was zu tun sei.

„Ich hab's!", rief es und trat gegen einen faulen Apfel, der im Gras lag.

B

Der Apfel rollte den Hügel hinab, bis vor die Nase des Igels. „Hoi, hoi, hoi“, freute sich der und fraß genüsslich den Apfel. Danach grummelte ihm der Bauch. Er verzog sein kleines Igelgesicht zu einer Grimasse, bis ein kräftiger Pups ihm Erleichterung verschaffte.
Bedauerlicherweise saß direkt hinter dem Igel die Maus im Gras. Benommen vom Gestank torkelte sie herum und stolperte gegen eine Blume.
Die Blume wackelte. Das Wackeln erschreckte den Schmetterling, der auf der Blume ausgeruht hatte. Er flatterte hin und her und ließ sich dann auf dem dösenden Nashorn nieder.
Das Nashorn war sehr kitzlig, besonders an der Nase, wo der Schmetterling saß. Der Schmetterling kitzelte es so sehr, dass es ganz wild wurde und blindlings loslief.
Und zwar genau auf das Haus des jammernden Bibers zu.
Der Biber hatte sein Haus stabil gebaut, aber nicht stabil genug für ein rammendes Nashorn. Dach und Wände fielen krachend in sich zusammen.
„Oh“, sagte das Nashorn beim Anblick der Ruine und des verheulten Bibers. „Entschuldigung. Ich, ähm … Der Schmetterling ist schuld. Er hat mich so gekitzelt.“
„Das ist doch unerhört!“, schimpfte der Schmetterling. „Die Blume ist schuld, sie hat so gewackelt!“

„Nein, die Maus ist schuld“, sagte die Blume. „Sie hat mich gestoßen!“
„Der Igel ist schuld“, sagte die Maus. „Er hat gefurzt.“
„Der Apfel ist schuld“, sagte der Igel. „Er hat in meinem Bauch gegrummelt!“
Der Apfel sagte nichts, denn er war ja schon aufgefressen.
„Aber nein, nein, nein“, meldete sich nun der Biber zu Wort. „Ich bin doch überhaupt nicht böse. Vielen Dank, dass du mich befreit hast, Nashorn! Ich will dir zur Belohnung einen Kuchen backen!“
„Ach so“, lächelte das Nashorn, das nicht ganz verstand, warum ihm der Biber so dankbar war. „Hab ich doch gern gemacht, Biberlein.“
„Ungerecht!“, schrie der Schmetterling. „Ich hab doch schließlich das Nashorn gekitzelt!“
„Aber ich hab gewackelt!“, rief die Blume.

„Ich hab geschubst!“
„Und ich hab gefurzt!“
„OK“, entschied der Biber, der immer noch so glücklich war, dass er am liebsten die ganze Welt umarmt hätte. „Ich backe einen Kuchen für alle!“
Das Kaninchen aber bekam von alledem nichts mit. Es war schon sieben Hügel weiter und pfiff sich sein munteres Lied.

Der Igel ist ein Löwe

Der Igel verbrachte einen ganz normalen Tag. Er ging auf den Markt, kaufte sich einen Korb Schnecken und ging wieder nach Hause. Er plauderte mit seinem Nachbarn, dem Biber, über das Wetter, dann aß er seine Schnecken, las noch ein wenig und ging ins Bett.

In der Nacht träumte er, er sei ein Löwe. Als Löwe jagte er durch den Wald und über eine wilde Wiese. Er brüllte, schüttelte seine Mähne und scheuchte alles auf die Bäume, bis er müde wurde. Dann ging er zu seinem Freund, dem Nashorn, wo er fraß und trank. Erst spät in der Nacht trottete er zurück nach Hause.

Er legte sich ins Bett und träumte, er sei ein Igel, der auf den Markt ging, sich einen Korb Schnecken kaufte und wieder nach Hause kam.

Als Igel redete er mit dem Biber über das Wetter, bevor er seine Schnecken aß, noch ein wenig las und schließlich ins Bett ging.

Dort hatte er einen Traum: Er war ein Löwe, jagte durch einen Wald und über eine wilde Wiese und kehrte abends beim Nashorn ein, wo er fraß und trank.

Als er an seinem Wein nippte, fragte er sich: „Bin ich nun eigent-

lich ein Igel oder ein Löwe?“ Er wandte sich an das Nashorn und sagte: „Was meinst du, alter Junge?“

Das Nashorn schaute sich ihn genau an. Es betrachtete die struppige Perücke, die gewaltigen Tatzen und überlegte. „Ich glaube, du bist ein Löwe“, sagte es schließlich.

Zufrieden schlürfte der Löwe den Wein aus und spazierte nach Hause. Er fiel ins Bett und schlief sofort ein. Im Traum war er jedoch wieder ein Igel, der zum Markt ging und Schnecken kaufte.

Als er auf dem Nachhauseweg den Biber traf, rief er ihm zu: „Weißt du was? Ich träume nur, dass ich ein Igel bin, doch in Wahrheit bin ich ein Löwe!“

„Aha“, erwiderte der Biber ungläubig. „Für einen Löwen bist du aber relativ klein und hast einen ziemlich kurzen Schwanz. Ich wäre mir da an deiner Stelle nicht so sicher.“

Tatsächlich geriet der Igel ins Grübeln, als er zu Hause ankam. „Ich werde einfach aufwachen“, dachte er, „dann bin ich ein Löwe, und die Sache ist klar!“

Er zwickte sich in die Nase, aber nichts geschah. Er trank ein Glas eiskalte Milch, aber nichts geschah. Dann lief er nach draußen, rannte, hüpfte und schlug so viele Purzelbäume, wie er konnte. Nichts geschah.

Da bemerkte der Igel einen Höhleneingang, der ihm bekannt

vorkam. Er lief hinein – und tatsächlich: Im Bett lag der Löwe und schnarchte vor sich hin.

„He, aufstehen!“, schrie der Igel und zog dem Löwen die Decke weg.

Der Löwe riss die Augen auf. Er sah den Igel vor seinem Bett stehen. „Du kannst dir nicht vorstellen, was ich geträumt habe!“, rief er und schüttelte schmunzelnd den Kopf.

„Doch“, grinste der Igel. „Kann ich.“

WASCHTAG

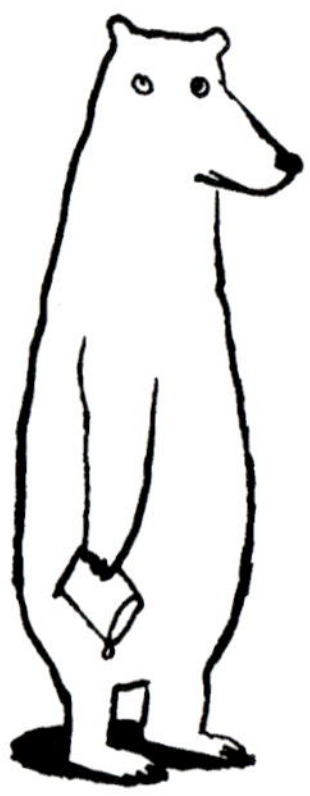

Sowohl der Bison als auch der Schwarzbär hatten sich länger nicht gewaschen. Doch war es reiner Zufall, dass sie sich am Flussufer begegneten. Der Schwarzbär hatte seinen bestickten Waschlappen dabei, der Bison seine Bürste und den Schwamm. Sie grüßten sich.

Der Bison, der nicht auf Gesellschaft eingestellt war, wartete zunächst ab, was der Bär tun würde. Auch der Schwarzbär hätte sich lieber ohne einen Zuschauer gewaschen. Doch dann sagte er sich: „Was soll's?“, tauchte seinen Waschlappen ein, wrang ihn aus und fuhr sich damit über das Fell.

Er wusch und wusch sich, und als er fertig war, war er nicht mehr schwarz, sondern weiß.

Der Bär sah verblüfft an sich herunter. „Ich bin also gar kein Schwarzbär, sondern ein Eisbär!“, dachte er. „Wie seltsam!“

Peinlich berührt schaute er zum Bison hinüber.

„Das kann doch jeder!“, grölte der. „Pass mal auf, wie man sich richtig wäscht!“

Der Bison nahm nun seinerseits Schwamm und Bürste und begann sich zu schrubben und zu scheuern, dass es nur so

spritzte und klatschte. Nach wenigen Minuten war der Fluss braun vor Dreck. Und der Bison war kein Bison mehr, sondern ein Hamster.

„Was sagst du nun, mein Lieber?“, piepste er.

„Nicht schlecht“, sagte der Eisbär. Dabei hatte er gar nicht richtig zugeschaut. Er blickte verträumt in die Ferne, nahm dann seinen Waschlappen und machte sich auf zum Nordpol.

Abkühlung

Der Fuchs wurde vom Rasseln des Weckers aus seinen Träumen gerissen. „Ruhe!“, murmelte er. Der Wecker rasselte weiter.
„Ich warne dich!“, fauchte der Fuchs.
Der Wecker hörte nicht auf.
Da sprang der Fuchs aus dem Bett, nahm den Wecker und schmiss ihn mit aller Wucht gegen die Wand, dass die Batterien herausfielen und kreuz und quer durch die Höhle rollten.
„Das hast du jetzt davon“, bemerkte der Fuchs grimmig.
Dann putzte er sich die Nase, denn er war immer noch erkältet.
„Igittigitt“, entfuhr es ihm beim Anblick seines vollgerotzten Taschentuchs. Er ließ es zu Boden fallen und ging in seine Kochecke, um sich einen Kakao zu machen. Er nahm die Dose mit dem Kakaopulver aus dem Wandschrank. Dann goss er Milch in einen Topf, der auf dem Herd stand. Als er die Dose mit dem Kakao zurückstellen wollte, stieß er sich den Kopf an der offenen Schranktür.
„Autsch!“, heulte der Fuchs auf. „Na warte!“
Er holte den Fuchsschwanz aus seiner Werkzeugkiste und sägte der Tür alle Ecken ab.

„So!“, sagte er zufrieden.
Inzwischen war die Milch übergekocht. Hastig nahm der Fuchs sie von der Herdplatte und verbrühte sich dabei die Vorderpfote.
„Kannst du nicht aufpassen?“, keifte er und trat gegen den Herd.
Die Lust auf eine Tasse Kakao war ihm vergangen.
„Nur raus hier!“, dachte er.
Doch auf dem Weg nach draußen rutschte er auf seinem Taschentuch aus und knallte mit der Nase gegen den Kleiderschrank.
Kochend vor Wut nahm er alle Kraft zusammen, stemmte den Schrank in die Höhe und schleuderte ihn zu Boden.
Dann marschierte er nach draußen, wobei er mit Genugtuung hinter sich auf den zerborstenen Kleiderschrank blickte. So sah er nicht, dass vor seinem Bau gerade das Kaninchen vorbeiging.
Sie stießen zusammen und fielen beide der Länge nach ins Gras.
Dem Fuchs rauchte die Wut aus den Ohren. „Hast du keine Augen im Kopf, du Braten?“ Eilig hoppelte das Kaninchen davon. „Ich fress dich nachher auf!“, rief ihm der Fuchs hinterher. Dann lief er weiter bis zu einem freien Feld. Die Sonne stand hoch am Himmel, und es war still.
Wie wild rannte der Fuchs zehnmal bis zum Ende der Wiese und wieder zurück, bis er völlig erschöpft alle viere von sich streckte und augenblicklich einschlief. Nach einer Stunde wachte er wieder auf.

Er fasste sich an die Nase, denn sein Gesicht glühte wie Feuer. Er hatte einen Sonnenbrand!

„Dir werd ich's zeigen!", schrie der Fuchs die Sonne an und drohte mit seinen Fäusten gen Himmel. Dann rannte er zurück in seinen Bau, wo er unter der Spüle einen Gartenschlauch aufbewahrte. Er schloss das eine Ende an den Wasserhahn an und zerrte das andere auf die Wiese.

„So, mein Freund", knurrte er, den Schlauch in die Höhe haltend.

Ein mächtiger Wasserstrahl schoss nach oben – und regnete wieder herab. Direkt auf den Fuchs.

Der rührte sich nicht.

Er stand reglos auf der Wiese und hielt den Schlauch hoch, bis das Wasser sein Fell durchtränkt hatte wie einen Schwamm.

Er fühlte sich seltsam leicht und vergaß ganz, den Schlauch zu bestrafen.

„Wie angenehm", dachte er.

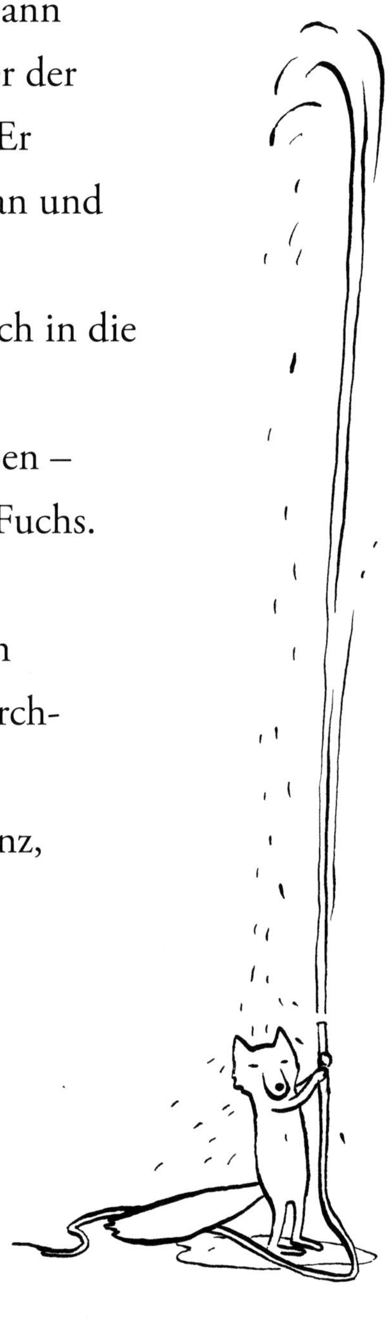

im Dschungel II

Es war einmal ein kleiner Affe, der lebte im Bart eines gewaltigen Riesen. Eine Zeit lang hatte er geglaubt, er lebe in einem richtigen Dschungel. Doch was er für Bananen gehalten hatte, waren nur Spaghettireste, die sich im Bart des Riesen verfangen hatten. „Pfui bäh", sagte der kleine Affe, als ihm dies klar wurde. Er ließ die Liane los, an der er sich festhielt, und fiel in den blauen Himmel.

Der Elefant hat schlechte Laune

Dem Elefanten ging es gar nicht gut.
Er fand sich viel zu groß, er fand sich viel zu stark, er fand sich viel zu dick. Er hatte das Gefühl, immer im Wege zu sein, nirgendwo durchzupassen, alles kaputt zu trampeln – und dies vielleicht noch nicht einmal zu bemerken.
Er kam sich so maßlos vor, so übertrieben, so unbescheiden.
Ihm missfiel sein unbändiger Hunger, und beschämt erwachte er nachts von seinem eigenen Geschnarche, das durch seinen Rüssel dröhnte wie ein Erdbeben.
„Diese Stoßzähne! Entsetzlich!“, dachte er, wenn er sein Spiegelbild im Fluss betrachtete. „Diese vereinzelten Haare, diese unglaublichen Ohren und dieser Rüssel! Ich sehe aus wie ein Außerirdischer.“
Da kam das Kaninchen vorbei. Es kannte die Launen des Elefanten nur zu gut und sah sofort, wie es um ihn bestellt war.
Es stellte sich auf einen Stein und lächelte ihm aufmunternd zu.
„Hör mal …“, begann es, doch der Elefant unterbrach es sofort.
„Ich weiß genau, was du mir sagen willst, Schlaumeier.

Ist doch toll, dass ich so groß und stark bin, alle anderen Tiere beneiden mich darum. Große Ohren und so ein Rüssel sind doch so was von praktisch und so weiter und so fort, bla bla bla bla bla ... Gib dir keine Mühe, ich kenn die Leier!"
Das Kaninchen fühlte sich ertappt, denn genau dies hatte es dem Elefanten sagen wollen.
„Dann unterhalt dich doch mit dir selber, du dicke, dusselige Riesenkartoffel!", schnaubte es und verschwand schnell im nächsten Loch.
„Dicke, dusselige Riesenkartoffel?", wiederholte der Elefant. „Unverschämt! Was glaubt der, wer er ist, mit seinen Schlabberohren, seiner Zahnlücke und seinem albernen Puschelschwanz? Das muss ich mir nicht bieten lassen!"
Er steckte seinen Rüssel in das Kaninchenloch und trompetete so kräftig hinein, dass er das Kaninchen zum Hintereingang hinausblies.
„Ha!", triumphierte der Elefant.
Dann stampfte er davon und hatte wieder blendende Laune.

Mahlzeit

Der Bär sagte zu seinem ältesten Kind: „Geh und kauf uns einen schönen Fisch!“

Da ging das Bärenkind los, einen Fisch zu kaufen. Es stapfte aus der Höhle und immer geradeaus. Schließlich kam es an ein Haus.

Das Bärenkind wusste nicht, ob es links oder rechts herum gehen sollte. Da es sich nicht entscheiden konnte, ging es einfach durch das Haus hindurch und wünschte drinnen einen guten Tag.

Bald darauf kam das Bärenkind an einen Fluss. Es wusste nicht, ob es das Boot oder die Brücke nehmen sollte. Da es sich nicht entscheiden konnte, sprang es ins Wasser und schwamm ans andere Ufer.

Dann kam das Bärenkind an eine Weggabelung. Es konnte sich nicht entscheiden, ob es den geraden oder den geschlungenen Weg nehmen sollte, und ging einfach querfeldein über die Wiese und durch den Wald.

Der Abend kam, es wurde dunkel und das Bärenkind müde. Es überlegte, ob es unter einem Baum oder unter einem Busch schlafen sollte. Doch da es sich nicht entscheiden konnte, schlief es gar nicht, sondern lief immer weiter. Die ganze Nacht lang. Um Mitternacht flog ihm ein Gespenst über den Weg und sagte: „Buh!“

Weil das Bärenkind nicht wusste, ob es schreien oder weglaufen sollte, sagte es selber: „Buh!“, und da schrie das Gespenst auf und lief weg.

Am nächsten Morgen kam das Bärenkind endlich zum Fischladen.

„Guten Tag“, sagte es. „Ich möchte einen Fisch kaufen.“

„Aha“, sagte die Fischverkäuferin. „Wir haben zwei Sorten: Forelle oder Barsch.“

„Oh“, sagte das Bärenkind, „da kann ich mich gar nicht entscheiden.“

„Dann nimm doch ein Glas Gurken!“, schlug die Verkäuferin vor.

Als das Bärenkind einen Tag und eine Nacht später wieder nach Hause kam, wo die Bärenfamilie mit knurrenden Mägen wartete, stellte es das Gurkenglas auf den Tisch und sagte: „Bitteschön!“

Der Bärenvater starrte auf das Glas und wusste nicht, ob er schimpfen oder weinen sollte.

Da der Vater sich nicht entscheiden konnte, öffnete der kleine Bruder des Bärenkindes das Glas und nahm sich eine Gurke.

„Lecker“, sagte er.

Sonnenuntergang

Der Flamingovater stand mit seinen Kindern im seichten Wasser des Flusses. Die Abendsonne schien auf sein Gefieder, das so strahlend rosarot leuchtete wie selten. Der Flamingovater fühlte sich sehr gut. Geradezu erhaben. Es war ein wunderbarer Augenblick. Er stand und leuchtete und schaute voller Zufriedenheit in die Ferne. Nach einer Weile jedoch wurde es ihm ein kleines bisschen unbequem. Er ruckelte mit dem Po hin und her, verlagerte dann sein Gewicht auf das rechte Bein und zog das linke ein. Kein Problem für einen Flamingo. Als ein paar weitere Minuten vergangen waren, wurde ihm aber das rechte Bein etwas steif, und er wechselte auf das linke. Doch auch das linke Bein ermüdete bald, sodass er es schließlich ebenfalls einzog. Der Flamingovater fiel wie ein Stein ins Wasser und versank mit einem großen Platsch! bis zum Schnabel im Fluss.
„Oh Mann, Papa! Immer wieder derselbe Fehler!“, maulten seine nassen Kinder.
Eilig stand der Flamingovater wieder auf und blickte streng in die Runde. „Ruhe jetzt! Lasst uns den herrlichen Abend genießen!“, zischte er und lief dunkelrosa an. Vorsichtshalber stand er für den Rest des Sonnenuntergangs auf beiden Beinen.

Null Punkte

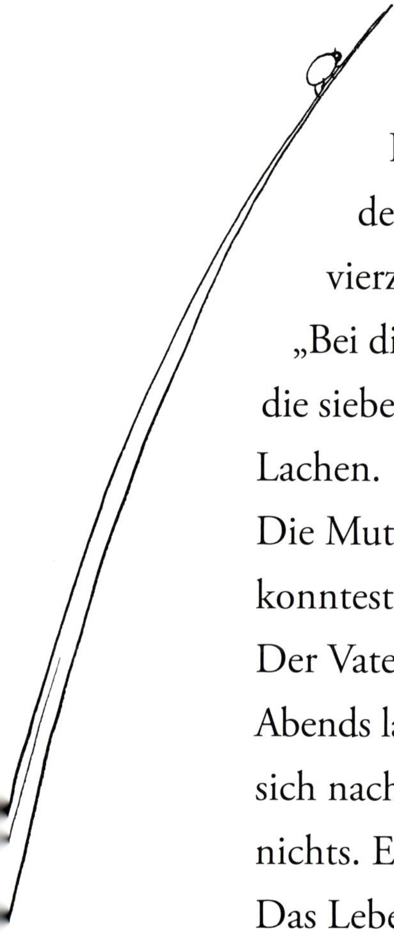

Marienkäfers hatten siebenundvierzig Kinder. Alle Kinder hatten sieben Punkte, was zusammen dreihundertundneunundzwanzig Punkte machte. Das achtundvierzigste Marienkäferkind kam ohne Punkte auf die Welt.

„Bei dir ist Mama und Papa die Farbe ausgegangen“, spotteten die siebenundvierzig Geschwisterkinder und kugelten sich vor Lachen.

Die Mutter sagte zu ihrem achtundvierzigsten Kind: „Wie konntest du uns das nur antun?“

Der Vater sagte: „Du bist eine Null.“

Abends lag der kleine Marienkäfer oft wach im Bett und strengte sich nach Kräften an, Punkte zu bekommen. Doch es half nichts. Es wuchsen ihm keine.

Das Leben schien ihm so trostlos, dass er sich an einem schönen Morgen einfach aufmachte. Flog über die Wiesen und durch die Felder und Wälder, immer weiter, ganz weit fort.

Eines Tages kam er an einem Baumarkt vorbei. Da hatte er einen Einfall. Er kaufte sich ein kleines Döschen schwarzer Farbe und einen Pinsel. Dann suchte er sich ein stilles Plätzchen und wartete. Nach einer Weile kamen eine Wanze und eine Biene vorbei.

Der kleine Marienkäfer nahm allen Mut zusammen und sagte:
„Könnt ihr mir Punkte malen?"
„Logisch", antwortete die Wanze und nahm den Pinsel.
„Sieben Stück, bitte", sagte der Marienkäfer.
Die Wanze begann zu malen. Sie konnte aber nur Streifen. Und zwar Längsstreifen (sie war nämlich eine Streifenwanze).
„Oh", sagte sie entschuldigend.
„Lass mich mal!", mischte sich die Biene ein und schnappte sich den Pinsel.
Aber die Biene konnte nur Querstreifen, sodass der Marienkäfer anstelle von Punkten ein Karomuster bekam.
„Hoppla", sagte die Biene.
„Seid ihr fertig? Ist es gut geworden?", fragte der kleine Marienkäfer, der seinen Rücken nicht sehen konnte, hoffnungsfroh.
„Nun ja, also, ich würde sagen ...", sagte die Wanze.
„Ähm, genau genommen, gewissermaßen ...", summte die Biene.
Dann flogen die beiden mit schlechtem Gewissen davon.
Der kleine Marienkäfer blieb zurück und konnte sich keinen rechten Reim machen.
Zufällig hatte ein Tagpfauenauge alles mit angesehen.
„Komm mit zu mir!", hauchte es dem Marienkäfer zu.
Zusammen flogen sie zum Haus des Schmetterlings. Dort holte das Tagpfauenauge seinen Farbkasten und malte dem Marien-

käfer die kleinen Quadrate auf seinem Rücken an, jedes in einer anderen schillernden Farbe.
„Du bist nun der schönste Käfer der Welt!“, sagte der Schmetterling feierlich. „Flieg hoch und lass die Sonne auf dich scheinen!“
Und der kleine Marienkäfer ohne Punkte, aber mit buntem Karomuster, flog hoch in die Luft. Und glänzte! Und funkelte! Und wurde bekannt und berühmt! Auf der Wiese, den Feldern und in den Wäldern. Er gab Interviews, hatte Fernsehauftritte, nahm ein Musikalbum auf, machte Parfümwerbung und verdiente einen Haufen Geld. Er wurde geliebt und beneidet.
Die Marienkäferfamilie mit den siebenundvierzig Kindern und den dreihunderundneunundzwanzig Punkten rief ihn an. Sie sagten: „Wir sind so stolz auf dich! Wir haben es immer gewusst! Komm zurück zu uns!“
Doch den kleinen Marienkäfer kümmerte das nicht.
Der ganze Rummel ging ihm schon längst auf die Nerven.
Eines trüben Morgens flog er hinaus in den strömenden Regen.
Er spürte die Farbe seinen nassen Rücken hinablaufen. Der Regen wusch alles ab.
Als die Sonne wieder hervorkam, setzte er sich vergnügt auf eine wunderschöne, blühende Rose, die so rot war wie er selbst.
Und er war nicht mehr zu sehen.

DER AUSFLUG

Der Himmel war blau, und die Sonne schien. Der Löwe und das Nashorn, die bekanntlich gute Freunde waren, beschlossen, ein Picknick am Fluss zu machen. Sie taten eine Decke, eine Flasche Wein, Brot und Käse in einen Korb und spazierten los.

Nach einer Weile zeigten sich ein paar Wolken am Himmel. Ein Lüftchen wehte um ihre Nasen, und plötzlich kam ein Wind auf, der so stark war, dass er dem Löwen die Perücke vom Kopf blies.

„Wie siehst du denn aus?", sagte das Nashorn und grinste.

Dann begann es zu nieseln. Bald regnete es sich ein, und schließlich goss es wie aus Waschtrögen. Der eben noch trockene Boden wurde zu einem matschigen Sumpf, in dem Nashorn und Löwe bis zu den Bauchnabeln einsanken.

Dicke blauschwarze Wolken verdunkelten den Himmel. Einige von ihnen waren so mächtig und schwer, dass sie herunterfielen und im Matsch liegen blieben. Dann blitzte es so schnell hintereinander, dass es nicht mehr dunkel wurde und der Donner kaum mehr aufhörte.

Als das Gewitter nachließ, wurde es kälter. Es begann zu frieren. Dem Nashorn wuchs am Kinn ein Eiszapfen, so lang wie das Horn auf seiner Nase.

„Wie siehst du denn aus?", grinste der Löwe.

Nun fing es an zu schneien. Kleine weiße Flöckchen rieselten auf Nashornnase und Löwenglatze. Bald wurden jedoch aus den Flöckchen Flocken und aus den Flocken Schneebälle und aus den Schneebällen ganze Schneemänner mit Hut und Mohrrübennase.

Im Nu waren die beiden Freunde meterhoch eingeschneit. Mühsam buddelten sie sich aus den Schneemassen heraus zurück an die Oberfläche. Doch dort war dichter Nebel aufgezogen. Sie konnten nichts sehen und stießen mit den Köpfen zusammen.

„Aua!", jammerte der Löwe und befühlte seine Nase. „Jetzt hab ich auch ein Horn."

„Schön für dich, mein Freund", sagte das Nashorn.

Sie liefen blindlings weiter, bis sich der Nebel endlich lichtete und die Sonne wieder schien.

„Na bitte", strahlte das Nashorn.

„Sag ich doch", sagte der Löwe.

In kürzester Zeit schmolz die Sonne den Schnee und den Eiszapfen am Kinn des Nashorns. Sie brannte so heiß, dass der

Boden trocken und staubig wurde und der Fluss, an dem Nashorn und Löwe ihr Picknick machen wollten, austrocknete, sodass sie ihn übersahen und vorbeiliefen, immer weiter, bis sie schließlich ans Meer kamen.
Das Meer war so blau wie der Himmel, und der Himmel war so blau wie das Meer.
„Der Fluss ist breiter geworden“, stellte der Löwe fest.
„Du sagst es“, sagte das Nashorn.
Sie breiteten die Decke aus und öffneten den Wein. Dann saßen sie am Strand, schauten auf das endlose, spiegelglatte Wasser und genossen die Stille des Abends.

DER ELEFANT IST VERLIEBT

Der Elefant hatte die beste Laune, denn er war verliebt bis über beide Ohren, was bei einem Elefanten etwas heißen will. Er war richtiggehend verknallt!
Und zwar in sich selbst.
Er fand sich einfach gut: groß, stark, lässig, stilvoll, gebildet. Alles passte zusammen. Athletischer Körper, elegante Stoßzähne, fulminanter Rüssel.
„Was bist du nur für ein prächtiges Tier", sagte der Elefant zu sich selbst. „Hier, der ist für dich!" Er überreichte sich einen riesigen Blumenstrauß, den er im rechten Vorderfuß hielt. Dankend nahm er ihn mit dem linken Vorderfuß entgegen und küsste sich mit dem Rüssel auf die Stirn.
„Ganz lieb von dir, mein Großer", sagte er gerührt.
„Jetzt ist der Elefant völlig übergeschnappt", dachte das Kaninchen, das alles aus seinem Versteck heraus beobachtet hatte. Sein Versteck war übrigens der Blumenstrauß. „Wie kann ein einziges Tier nur so eitel sein?", dachte es weiter. Aber diesmal dachte es laut, sodass der Elefant es hörte.
Dieser erschrak fürchterlich, denn er glaubte, es wären die Blu-

men gewesen, die zu ihm gesprochen hatten. Mit einem sprechenden Blumenstrauß wollte er nichts zu tun haben, schon gar nicht, wenn er beleidigend wurde. Also aß er ihn auf.
Um das Kaninchen herum wurde es dunkel und feucht. Es dauerte eine Weile, bis es begriff, dass der Elefant es mitsamt den Blumen verschluckt hatte und es sich nun in dessen Bauch befand. Jetzt war es das Kaninchen, das einen Schreck bekam. Es trommelte mit den Fäusten und schrie: „He, du bist ein Pflanzenfresser und kein Fleischfresser! Rauslassen! Sofort! Hilfe! Hiiiilfeeee!!"
Draußen war der Elefant gerade wieder mit der Bewunderung seiner selbst beschäftigt, als seine großen Ohren von irgendwoher den leisen Hilferuf des Kaninchens zu vernehmen meinten. „Ein Tier in Not!", kombinierte er messerscharf. „Ich werde gebraucht! Endlich eine Gelegenheit, meine Kraft und Intelligenz unter Beweis zu stellen! – Wer immer da ruft: Halte aus! Ich komme!"
Der Elefant stieß mit seinem Rüssel ein Trompetensignal aus und stürmte in den Dschungel, einfach drauflos. Dem armen Kaninchen wurde übel. Es versuchte noch lauter zu schreien, aber gegen das Dröhnen der Elefantenfüße und das Knacken der Äste war kein Durchkommen. Gerade als das Kaninchen aufgeben wollte, übersah der Elefant jedoch einen Baumstumpf.

Er stolperte und fiel der Länge nach zu Boden, genau auf seinen Bauch. Der Aufprall drückte das Kaninchen nach draußen, es schoss dem Elefanten aus dem Maul und flog einige Meter durch den Dschungel, bevor es unsanft landete.

Einen Moment herrschte Stille.

Als sich der Elefant schließlich hochgerappelt hatte und sich umschaute, sah er vor sich das erschöpfte Kaninchen am Boden liegen.

„Hast du um Hilfe gerufen?"

„Ja", sagte das Kaninchen matt. „Aber ... die Gefahr ist schon vorüber."

„Hab ich dich gerettet?"

„Du warst großartig!", entgegnete das Kaninchen.

„Das dachte ich mir. – Und du? Alles in Ordnung mit dir? Du siehst etwas zerknautscht aus."

„Mir geht's bestens, vielen Dank", sagte das Kaninchen mit einem schiefen Lächeln. „Bei Gelegenheit schenke ich dir ein paar Blumen."

„Na, dann will ich mal wieder", sagte der Elefant zufrieden, bog seinen Rüssel gerade und befühlte eine Beule am Kopf.

„Falls etwas ist, ruf mich! Du weißt, ich bin groß und stark!"

„Und schön bist du auch!", ergänzte das Kaninchen.

Der Elefant nickte hoheitsvoll, drehte sich um und schritt durch die Bäume davon.

im Dschungel III

Es gab einmal einen Affenstamm, der lebte in einem richtigen Dschungel mit richtigen Bananen.

Eines Tages, als die Affen gerade Purzelbäume auf einer Lichtung schlugen, fiel plötzlich ein kleiner Affe vom Himmel. Direkt in ihre Mitte!

Die Affen erschraken und fürchteten sich.

Der kleine Affe aber sagte: „Fürchtet euch nicht! Ich bin einfach nur aus dem Bart eines Riesen gefallen. Guckt mal, hier ist sogar noch ein Stück Spaghetti!"

Und er hielt ein gelbes Etwas in die Höhe. Die anderen Affen starrten ihn an. Dann tauschten sie vielsagende Blicke aus.

Schließlich trat der größte Affe vor und rief: „Was erzählst du für einen Unsinn? Geh von unserer Lichtung weg!"

„Lichtung? Welche Lichtung?", lachte der kleine Affe. „Dies hier ist keine Lichtung, sondern ein Fußabdruck des Riesen!"

Einen Moment lang herrschte Stille. Dann fingen alle Affen schallend an zu lachen und wollten gar nicht mehr aufhören.

„Der war gut", sagte der große Affe, noch mit Tränen in den Augen. „Hier, nimm dir eine Banane, du Spaßvogel!"

Der kleine Affe konnte sein Glück kaum fassen! Er bekam die erste Banane seines Lebens! Er schälte sie ab und probierte.
„Und?“, fragte der große Affe.
„Gut“, erwiderte der kleine Affe, denn er wollte nicht unhöflich erscheinen.
Doch er war enttäuscht. Die Spaghetti des Riesen hatten ihm besser geschmeckt.

Gutenachtgeschichte

„Schnäuzilein, erzählst du den Kindern noch eine Gutenachtgeschichte? Sie wünschen es sich so sehr."

„Aber gern", sagte der Bärenvater, ging aus der Wohnhöhle in die Spielhöhle und setzte sich zu seinen beiden Kindern ans Bett.

„Toll, Papa erzählt eine Geschichte!", jubelten die kleinen Bären.

„Also", begann der Bär, „es war einmal ein, äh ...", er schaute in die Luft und überlegte, „es war einmal ein Biber. Der Biber ging spazieren, als plötzlich ..."

Der Bär hielt inne, denn er hatte hinter sich etwas gehört. Er drehte sich um und sah einen Biber hereinkommen.

„Abend", sagte der Biber und setzte sich neben das Bett.

„Moment mal", sagte der Bär, „ich erzähle hier nur eine Geschichte ..."

„Oh, ich mag Geschichten", freute sich der Biber.

„Weiter!", drängten die Kinder.

„Na schön. Also ...", begann der Bär leicht verwirrt von Neuem. „Der Biber ging also spazieren, als er seinen Freund, das Kaninchen traf."

„Ist von mir die Rede?“ Ein Kaninchen kam angehüpft und gesellte sich zu der Runde.
„Hey, nein“, beschwerte sich der Bär. „Ich denke mir das hier nur aus. Ihr seid gar nicht da!“
„Erzähl weiter“, sagten die kleinen Bären. „Was passierte dann?“
„Äh, es passierte ...“, überlegte der Bärenvater, der Mühe hatte, sich zu konzentrieren. „Nun, der Biber und das Kaninchen wollten die kranke Schwester vom Biber besuchen, weil ...“
„Ich habe gar keine Schwester“, warf der Biber ein, „und schon gar keine kranke.“
„Das spielt doch keine Rolle!“, schimpfte der Bär. „Dies ist doch nur ...“
„... eine Geschichte, ja, ja“, fiel ihm das Kaninchen ins Wort. „Aber wieso besuchen wir nicht den Igel? Der wohnt hier gleich um die Ecke.“
„Meinetwegen. Auch gut“, sagte der Bär müde.
Und schon hörte man den Igel heranschnaufen.
„Hier bin ich, Leute.“
„Der Igel hatte einen Kuchen gebacken“, fuhr der Bär fort.
„Kuchen? Quatsch!“, grunzte der Igel. „Aber ich hab einen Fußball dabei. Wer spielt mit?“
„Ich!“, riefen der Biber, das Kaninchen und die beiden Bärenkinder, die aus dem Bett sprangen. Dann pfiff der Igel auf zwei

Fingern, und schon stürmten ein Fuchs, ein Löwe, ein Nashorn, ein Elefant, ein Hamster, ein Eisbär, ein Marienkäfer, eine Biene, eine Wanze, eine Maus, ein Schmetterling, drei Flamingos und ein kleiner Affe in die Höhle.

„OK, zwischen den Bettpfosten ist das Tor", bestimmte der Igel, schoss den Ball hoch in die Luft, und das Spiel begann.

„Schlafen die Kinder schon?", fragte die Bärin, als sie den Bären erschöpft aus der Kinderhöhle kommen sah.

„Nein", seufzte der Bär. „Die Geschichte ist noch nicht zu Ende."